언젠가 우리에게

언젠가
우리 가
에
게

시인수첩 시인선 032

김민철 시집

문학수첩

추억을 많이 가진 존재는 행복하다.

김민철

해설 | 이병일(시인)
순간과 몰두의 시 · 109

굴뚝 많은 나무

바위 속에 뿌리를 박고 서 있는 미루나무에겐 굴뚝이 많다 나는 그것들의 가장자리 위에 앉아 연기를 내려다 본다

나는 발목이 가느다란 장수풍뎅이, 저녁 허기 속을 어스름처럼 스쳐 지나와 붉게 그을린 눈앞이 맵다, 하늘을 끌어당기는 눅눅한 바람이 나를 훑고 지나간다

어둠에 잠기기 시작한 사방, 나무뿌리에서 보일러 돌아가는 소리가 들린다

내 날개깃에 깃든 푸르름의 이름들이 들끓는다 귀신처럼 검은 공기를 토해 내는 나뭇잎에 감싸인 굴뚝들, 오늘 밤엔 또 무엇이 되려는지 빛의 움직임을 움켜쥔 걸까

며칠 전 이곳엔 집중호우가 내렸다 지붕까지 걸어온 물의 아가리가 달까지 삼키는 사건이 벌어졌다 물살을 견뎌 낸 나무는 햇살로 물을 퍼내고 조심스럽게 보일러

를 틀었다

잎사귀에선 밥이 누렇게 익는 냄새도 난다 그 냄새가
애벌레의 등에 동력을 실어 주고 있다 잎사귀에 눌러앉
은 애벌레 부부가 악착같이 살아간다

정수리로 치솟은 검은 군불에 홀린 나는 굴뚝 많은 나
무에서 젖은 날개를 만진다, 흙 기운을 단단하게 빨아들
이는

햇빛이 그늘을 넘어설 필요가 없을 때

봄을 담고 싶어서
꽃봉오리가 솟아나기 시작합니다
여름마저 가득 담고 싶어서
꽃잎이 활짝 열리기 시작합니다
가을이 얼마나 크고 무거운지 몰랐기에
꽃잎이 후드득 떨어집니다
그리하여 겨울은 공터가 되는 것이지요
나는 난간을 붙잡고
동물적이고 이성적인 잔바람에도 약해져서
개미 땅굴을 바라봐도 눈물이 흐릅니다
이 조용을 흔들어 깨울 수 없는 날,
눈이 펑펑 쏟아지고 아무도 밖을 나가지 않으니
함박눈이 울타리가 아닐까요?
그러나 저 정도쯤은 우리가 쉽게 넘을 수 있어요
장벽과 장벽이 이어지면 그 위는 평지거든요
함께 가 볼까요?
햇빛이 그늘을 넘어설 필요가 없을 때

호수의 브로치

수련 꽃잎을 꿰매는 이것은 별이 움트는 소리만큼 아
름답다
공기의 현을 뜯는 이것은 금세 녹아내리는 봄눈 혹은
물푸레나무 뿌리의 날숨을 타고 오는 하얀 달일까

오늘도 공기가 휘어질 듯하게 풍경을 박음질하는
장마전선은 하늘이 먹줄을 튕겨 놓고 간 봉제선이다
댐은 수문을 활짝 열어 태풍의 눈에 강줄기를 엮어 준다

때마침 장맛비는 굵어지고, 난 그걸 풍경 재봉사라 부
른다

오솔길에 둘러싸인 호수가 성장통을 앓기 전,
빗방울이 호수 가슴둘레를 재고 수면 옷감 위에 재봉
질한다
소금쟁이들이 시침핀을 들고 가장자리를 단단히 고정
시킨다

흙빛 물줄기들은 보푸라기의 옷으로 갈아입고
버드나무 가지에서 밤새 뭉친 실밥무늬가 비치기도 했고
꾸벅 졸다가 삐끗한 실밥이 굴러떨어지기도 했다

그것은 풍경 재봉사의 마지막 바느질이 아닐까

주먹을 꽉 쥐려던 수련의 얼굴로 톡 떨어지는 물방울

수련꽃이 활짝 피어 호수의 브로치가 되었다

나무도 스키니 진을 입는다

내가 스키니 진을 입은 나무라서 이상한가요?
이별했거든요, 딱따구리를 불러 배꼽에 피어싱 하고
옹이무늬 배꼽티를 입고 다닐래요
저녁노을을 삼킨 습기 찬 공기에게
밤새도록 아침이슬로 무지갯빛 염색을 받고
매일매일 색다른 나뭇잎 가발을 쓸 거랍니다
나는 쇼윈도의 마네킹보다
햇살로 화장을 아주 진하게 할 거라구요
잘록한 쇄골에는 꽃송이 향수까지 뿌리려구요
이 향기에 한눈판 새들은 텃새가 되어 버리고
매미 울음에 반한 산짐승들이 내 허리에 몸을 비비다
한 움큼 털이 뽑혀 가슴을 하얗게 드러낸 한여름,
나는 겉옷을 더 피어 내어 푸르른 척할 거예요
한때는 흙이 바람에 펄럭이는 치마였는데
이제는 속살을 내비치는 일은 없을 테죠
나는 뿌리라는 천 개의 다리를 가졌지만,
떠날 구름에게는 다리 하나도 내놓지 않을래요
풀벌레 소리가 우듬지에서 말라 버석거려도

몸을 옮겨 심지 않고 빗줄기가 나를 찾아오게 할래요
뿌리를 깊숙이 뻗으면 뻗을수록
흙이 스키니 진이 된다는 사실을 깨달았거든요
오늘따라 허벅지가 꽉 조이는군요

산책은 악몽을 좋아한다

바퀴벌레가 무중력 속을 산책한다
천장과 바닥의 경계는 보이지 않는다
벽지의 꿈마저 유목을 치는지
한낮마저 깜깜하게 만들기도 했다

낯빛이 어두운 곰팡이가 고개를 내밀자
무중력에 그어진 궤도가 푹신푹신해졌다
멀리 밥알이 굳어 솟은 언덕에서
지평선이 일몰되던 기억이 떠오르는 시간

바퀴벌레가 길을 더듬으며 걷는다
코골이를 따라 밀려오는 침 냄새를
살 껍데기에서 고속으로 흘려보내는데

내 꿈은 고요하고 불안해진다
혈관을 떠도는 담석 가루가 꽃을 피우고
손끝 발끝에 멈춘 향기는 마비되고
날숨과 들숨은 서로 단단히 깍지를 낀다

걸레에서 목을 축이는 바퀴벌레, 그리고
내 머리맡으로 옮아오는 진득진득한 발길
그는 계속 나의 잠을 다독이며 다가오고
방심의 순간 꿈에까지 뚫고 들어온다

선잠은 바퀴벌레의 발바닥을 밀어내고
한가로이 깊은 어둠 속을 걷고 싶지만
발작과 비명은 중력을 잃어
바퀴벌레의 산책은 나의 악몽을 좋아하기 시작했다

홈쇼핑 콜센터

배나무는 홈쇼핑 콜센터이다

애벌레 상담원들은 이른 아침부터 출근한다

배의 씨방마다 들어가 앉아

당도 크기를 잰 서류를 꼼꼼히 체크하면

물밀듯이 밀려오는 전화벨 소리

철책선을 몰래 넘어온 구름과

대마도 근처에서 파도를 잡고 올라온 돌고래와

금촌의 양계장에 갇힌 닭들이 아침부터 소란을 떤다

그래도 배나무 홈쇼핑에는

비매품으로 꽃향기까지 포장도 해 주고

그 누구보다 빠른 참새 퀵서비스까지 있으니 걱정하지 말 것!

갑자기 통화 연결이 되지 않으면

애벌레 상담원들이 우화하는 시간이니 내년에 연락하시길!

미라처럼

사람이 죽고 영혼은 빠져나갔으나
기생충은 아직 몸에 남아 내장을 가꾼다

수분을 모공으로 내보내고
관절에 막힌 기포를 빨아들인다
온몸을 돌고 도는 방법을
잃어버린 혈액은 좌심방으로 쓸어 놓고

늑골 그늘에서 잠시 쉬면
사람의 몸은 정원처럼 한적해지고
혈관 속에서 모래바람이 일다 멈춘다

장기는 조용한 사람의 몸에 익숙해졌을까

무의식적으로 꿈틀거리는 신경을 잘라
흙 또는 하늘과 묶는

기생충은 가끔 땀과 먼지가 범벅이 되어

눈코입이 막힐 때도 있었다

그러나 매끈한 피부의 촉감으로 도착한 소뇌,
사소한 기억을 끊기 시작한다

몸이 마르게 되었던 이유와
발가락이 부르텄던 이유와
목소리가 작아졌던 이유에 대한 물음을 끊어 버린다

미라처럼 육체를 무감각으로 보내기 위하여

김홍도의 '빨래터'로 짜장면 배달

오늘은 철가방에 짜장면과 함께
검은 갓, 하늘색 도포, 부채를 넣어야지
계곡으로 올라가는 비탈길이므로
뻐꾸기 노래와 풀잎 냄새를 바퀴로 써야지
시동이 걸린 오토바이가 먼저
심장을 벌렁벌렁거리며 달려가는구나
태양이 뙤약볕을 사정없이 내리쬐는 한낮
빨래하는 여인들은 치마를 허벅지까지 걷고 있겠지
젖 달라고 우는 아이만 없으면 좋겠고
길거리의 사람들에게 내가 가는 곳은 비밀이지
다만 입간판의 불빛과 평상의 지루함만이
내 허리를 꽉 붙잡고 놓아 주질 않는데
너희들은 이따가 짜장면 그릇이나 찾으러 가렴!
고온과 미칠 듯한 습도를 헬멧으로 쓰고
꽃바람이 주문한 주소지를 신나게 찾아가야지
시원하게 길을 터 주는 버드나무 그늘
짜장면 네 그릇 때문에
이유 없이 관음증이 서비스로 따라가지

빨래터까지 가는 길은 구불구불하지만
내 마음만큼은 일직선으로 곧게 뻗어 있으므로
젖은 옷을 벗어 말릴 즈음 신속 배달될 예정이지
그리하여 짜장면이 퉁퉁 불기 전까지는
바위 뒤에 숨어 여인들의 손 방망이질 소리
밑에서 밀려오는 깊은 향기에 빠져 있어야지

병아리는 젖을 물어 본 기억이 있다

병아리는 텃밭의 흙을
젖가슴으로 생각한다
흙을 쪼며 부력에
대한 기억을 지운다
둥지에서 부화한 것들은
하늘을 바라보며 공중과 익숙해지는데
병아리는 자꾸만 땅과 친해진다
흙먼지가 좋아서 몸속에
무거운 모래주머니까지 차고 다닐 즈음
병아리는 엄마가 아닌
흙 속에 동굴을 뚫는
벌레와 뿌리를 즐겁게 좇아가고
별과 구름의
위도와 경도보다는
머릿속에 흙 알갱이 지도를
그리며 무럭무럭 큰다
노란 털이 갈색으로 갈아입을 때까지
병아리는 흙 젖꼭지를 물고 놓지 않는다

늙은 농부가
밭고랑을 만든 곡괭이질과
쑥쑥 크는 청양고추의 매운 냄새와
햇살을 포근하게 감싸는 검은 거름이
오색 비빔밥처럼 섞여 있는 흙,
병아리에게
흙은 엄마 품이어서
날갯짓하는 법을 배우지 않는 것
닭이 되어도 버릴 수 없는 습관
죽을 때까지
젖을 떼지 못할 병아리

고양이 목의 방울

고양이는 방울의 경계심만큼
무거운 것은 없다고 생각했을까
풀잎의 초록빛 한 방울
화분에서 뿌리가 뻗는 속도 한 방울 삼켜 본다
하루 종일 쫓아다니고 있는
참새의 날갯짓 한 방울을 혀끝에서 놓친 일도 있었지만
붉은 담장의 그림자 세 방울을 먹으면
그날은 배가 불러
수컷 고양이와 반나절을 뒹굴기도 했다
보름달이 나오는 날마다
배 속에 쌓인 방울이 소란을 떠는지
자궁 속에서 크고 있는 새끼의 목에도
방울이 채워지는 것만 같았다
둥근 갈비뼈 사이마다
알알이 박혀 있는 것들 때문에
걸음걸이에서마저
달빛이 은은하게 부서지는 소리가 들린다
발자국의 떨림을 기억하는

그 고양이 새끼들이

노을에 태양을 싸서 삼키려다

혀를 데여

어렸을 때부터 요란하게 담벼락을 넘는 버릇이 생겼다

식기 건조대에 세워 놓은 물고기

아무도 못 찾을 테지
이 그릇들이 미끈미끈한 비늘이라는 것을

이 그릇에겐 아가미도 없고 부레도 없어
물도 없이 잠들고
슬그머니 붙어 있는 밥알의 감촉이
옆구리에 스미지 않고 굳어 있지

이 지상에서 살찌지 못한 물고기,
칼자국도 없어
어느 방향으로 흘러갔는지 알 수 없지만
피부가 모두 돌아오기를 기다리지

물고기는 여러 번 분해되는 동안
퐁퐁 거품을 안전한 서식지라고 생각하는 동안

바다가 작은 섬을 산책시키듯
미끄러진 그릇은 차르르 돌며 하품하지

젓가락질과 숟가락질로 헤엄친 날을 생각하는 거지

그래서 결국 아무도 못 찾는 거야

이 물고기의 대가리를

식탁 위에선 눈과 입이 필요 없다는 것도

경주마의 숨

경주마를 앞질러 버리는 것은 숨이다

그 숨은 말발굽에 붙어 있는 걸 좋아했다

갈비뼈 아래에 숨었던 숨을 허파가 예열했다

기수의 채찍질이 경주마의 숨통을 터 준 순간

경주마들은 자신의 뼈마디를 분리시킬 듯

네 다리로 고통과 쾌감을 궁굴린다

단거리 승부는 첫 호흡에서 갈리기 때문,

목까지 차오르는 숨으로 앞이 깜깜하지만

눈망울에선 울부짖는 질투심이 있으므로

서로의 그림자를 밟고 달리는 것이 아프진 않았지만

너무 빨리 앞서 달려 나가는 숨,

경주마는 곤마처럼 갈피를 잡을 수 없다

숨 막힘을 미리 알았더라면 달리지 않았을 텐데

그때 기수는 경주마의 가슴을 발로 힘껏 찬다

항문에서 똥방귀가

가을이 내쉬는 아름다운 숨소리처럼 길게 이어진다

부레 단추

부레는 물살을 고정시키는 단추라는 걸, 물고기들은
몰라요

버드나무 그림자가
수면에 짙게 어려도
수면을 조금씩 잡아당겨도
아가미를 기둥으로 단단히 세워도
부레 단추는
잠깐 기울었을 뿐, 떨어지지 않죠

때때로 집중호우가 밀려오면
강 밖으로 뜯긴 단추가 보이기도 했죠

헐떡이는 숨의 웅덩이를 꽉 채운
저녁에서 비린내가 나던 날

수초에 채워진 물고기들,
옷을 벗지 못한 물살은 답답하기도 했지만

노을을 꺾어 든
무지개는 강에 맨발을 담갔죠

빛의 각질이 수면에 둥둥 떠 있어도
낮은 물과 깊은 물의 경계가
서로 뒤엉키지 않는다면

부레는 소용돌이를 채우며
물 한가운데 공터에서 사랑을 나눌지도 몰라요

성에가 우는 새벽

중환자실 창은 천사가 내려오는 길
그 발자국이 성에꽃이라고 어머니는 말했는데

발목이 예쁜 천사, 날개도 없이 와서
또 어느 영혼을 유리병에 담아 가려는지

오늘은 빗소리 들리는데
아주 조용히 빗발로 걸어 다니는 것이 보이는데

우산도 없이 와서 겨울나무는
하늘 쪽으로 제 잔뼈를 드러내고 있는데

그러나 중환자실은 눈 오는 풍경같이 차갑고
링거에서 물방울 떨어지는 소리와
심전도 기계음만이 하루를 반복시키고
나는 또 젖은 아버지의 핏줄
속으로 들어가는 죽기 전의 아버지를 본다

나는 입을 다물고 있는데
성에꽃이 참았던 울음을 와락 쏟는다

아름답지 않은 죽음이 또 첩첩산중으로 들어가나 보다

테러리스트

높은 건물만 보면 무너뜨리고 싶어진다

광기를 다룰 줄 아는 자만이
테러리스트가 될 수 있다

시한폭탄 설계도로 들어가는 길이 난 여권 사진,
그 길에서 시간과 같은 언어를 썼던
연가시들의 전략에 익숙해졌을 때

건물이 키우고 있는 그늘을 목에 걸고
잡아당겨 골목 끝에 팽팽하게 고정시킨다
층마다 바쁨의 살점을 떼어 내 층층이 잇고
무선으로 이어진 사람들의 생각을 유선화시킨다

그때쯤 폭발할 위험이 없는 비둘기를 날려 본다

수염이 덥수룩한 어린아이, 테러리스트

사막의 은거지 혹은 지하 동굴에서 높이를 사랑했지만

터번이라는 흰 꽃등을 머리에 이고
선천적 굴성을 줄였다 늘이면서 놀았다

이제 저 높은 건물에
오아시스를 찾는 낙타의 눈빛을 밀어 넣고
별똥을 가시로 만든 선인장을 곳곳에 세우니

누군가 몸을 낮추며 다가온다

호랑이 벌목공

벌목공 숙소엔 호랑이 가죽 카펫이 있다
카펫 위에서 잠을 자는 남자

남자가 잠에 들 때마다 호랑이가 남자를 입는다

쓰러진 자작나무를 일으켜 세우는 호랑이 그림자,

흰 무늬 숲을 쏘다니기 시작한다
컹컹 짖는다
눈발 이는 곳으로 간다
거기서 그냥 한참을 앉아 있는다

새벽은 비어 있고
적막으로 비어 있고

그걸 보는 나뭇가지에 맺힌 새소리로,
이번엔 호랑이가 폭포수 밑에서 간다

호랑이가 운다
전기톱날 돌아가는 소리로 운다
첫 살의
첫 도망침
부러진 송곳니

총포 소리가 나자 호랑이가 죽었다

하얀 자작나무가 호랑이였을까

자작나무가 쓰러지자 호랑이는 또다시 죽었다

호랑이 벌목공은 들녘에서 살아간다

뻘 공장에 숨은 것들

먼 길 빨리 갈 수 없어서
소라게들은 작은 텐트를 이고 다닌다

순천만 갈대숲
뻘이 흔들리지 않도록 거품과 구멍을 만든다

숲에 숨어 사는 개흙을 다루는 일이 삶을 지루하게
만들지만

갈대 노동자들은
가지마다 소형 라디오 하나씩 차고 다닌다
밤낮의 주변 이야기를 듣고 싶어
무심코 앞으로 나아가는 걸음들은
그러나 거품에 가려져 있어 보이지 않는다

뻘 공장은 한겨울이 가장 빛나도록 새들을 불러들인다
습지를 굴리는 연료는 새똥이기 때문이다

뻘배를 밀고 가는 여인들의 장딴지 힘을 빨아들이는
개흙,
　그 기계를 만지는 갈대 노동자들은
　햇살과 안개를 교배하여
　말뚝으로 이은 그물 안에서 물고기를 살찌웠는데

　새들은 설사하는지도 모르고 괄약근을 퇴화시켰다

　늪과 숲이 줄탁하여 만들어 낸 개흙,

　갯고랑이 깊고 넓어질 때마다
　나는 뻘 공장의 비밀을 하나씩 알게 된다

잉어 무리

작은 저수지이다,
가시연꽃 모자를 쓰고 있다

목련이 두툼한 약봉지를 밀어 넣을 때
달은 아가미를 타고
더러운 물속을 배회한다

작은 저수지는 의혹이 많은 심장이 되기도 했다
나는 그때 시력을 점점 잃었으므로
높이가 조금씩 낮아져도 몰려다녔는데

발끝까지 차지하고 부유하기
시작한 녹조라고 누군가 말했다
저수지의 마른 혈관,

잉어의 시체가 둥둥 뜨는
절망으로 가는 길목이라고 말했다

잉어 무리가 서로 몸을 비비고 헐떡거리고 멈춘다

미끈미끈한 늪,

거기에 큰 저수지가 보인다

산벚나무 그릇

이 그릇은 깨지지 않는다
속이 깊다
신들을 담아 놓은 그릇이기 때문이다

태곳적부터의 신이 쌓여 있다
나이테는 신들의 나이다

치매 걸린 할머니가 성황나무를 다녀온 날에는
꽃잎 한 그릇을 얻어 돌아왔고,
그날 하루는 잠시 머리가 맑아졌다

참새들이 우르르 몰려다니다
꽃망울을 잘못 할퀴고 지나가면
물이 크게 출렁이다 넘쳤는지
사람들이 빈 소원으로
흥건히 젖은 검은 흙바닥,

절망과 간절함이 신들을 눌러앉혔을 거다

두 손으로 빚어 매단,
분홍빛 신

눈 감고 전생에서 힌트를 못 찾았을까

산벚나무 그릇,

그늘 반점이 묻어 달그락거린다

상자들

상자를 보면 열매를 담고 싶어지나요?

상자가 모이면 창고가 되지요

들쥐들은 아무 생각 없이 머리를 상자에 들이받고
제 몸을 스쳤던 어둠의 결을 쏟아 내요
몸에 갇힌 불안이 인기척에 눌려요
들쥐들의 가장 먼 간격은 상자에 있기 때문일까요

바닥과 선반의 빈 곳엔 상자가 있구요
심호흡하는 벼랑이 된 것도 있어요

상자만 보면 상자 속으로 들어가는 검은빛,
벽면을 만들지요
굵은 창살은 필요 없어요
구멍 하나만 있으면 돼요

냉동고가 냉매 내뿜는 소리를

장작처럼 가지런하게 놓으면
활활 타오르는 써늘함이
상자를 대충 밀봉하는지도 몰라요

그러나 모서리들은 한 번도 뒤엉킨 적이 없죠

곧은 것과 찌그러진 것은
언제나 잘 맞물리니까요

정원 시대

돌과 나무와 작은 연못은 허기져 있다
사방이 막혀 있었다
콘크리트를 벗어난 적이 없었다

어느 날 굴삭기가 세상을 무너뜨릴 때서야
환하게 펼쳐진 하늘을 만나게 되었다

나비와 벌은 일용직 정원사,
잎을 깎고 꽃을 달고, 사랑을 고백하였다
처음으로 열매라는 것을 햇빛에게 보여 주었다
죽을 때까지 지푸라기 위에 똥오줌을
눌 것이란 예측을 거름으로 썼다

나무들은 울긋불긋하진 않았지만
내 발톱 사이는 벌써 누렇게 익어 가고 있었다

어지럼증과 두통이 나를
물이 가득 차 있는 웅덩이로 몰고 가는 도중

핏물과 창자가 흙에서 자라는 것을 보았다
침샘이 개와 고양이의 혓바닥을 길게 늘렸다
불이 붙은 축사는 칸나처럼 보였다
꽃향기에도 하얗고 검은 연기가 있었다

내가 꾸민 정원이 앞으로 더 유행할 것 같아 좋았다

시조새 연구 보고서

시조새는 없다, 모형으로만 동물원에 앉아 있다
나무에 번갯불을 새겼다는 시조새

발톱이 하나의 불이었다고 했다는데
월석을 물고 와서 둥지를 틀었다는데
날아오르는 것보다 기어 다니고 싶었다는데
그리하여 날개 끝에 손가락을 달았다는데

내 몸 안으로 유유히 들어온 시조새,

나는 주먹을 쥐었다 펴는 일이 자연스럽지 않다

공중의 바깥을 헤맬 수 있는
푸름과 어둠을 다루는 깃털이 없는 까닭일까

그러나 이상하게도 독수리는 내 앞에서 약해진다

새들의 방식으로 걷는 것을 들켰기 때문이다

끊긴 철망엔 날아오르는 것들의 절망이 묻어 있지만
어쩔 수 없이 그들을 풀어 주지 못하고
가둬 키워야 하는 나는 시조새,

동물원은 동물들의 멸종을 기다리는 곳이므로

나도 이미 여기서 오래전에 사라졌지만

높이를 펼쳤다 접으며

훗날 시조새로 잘못 알려질 것들의 하루하루를 기록
한다

음의 평균화

믹서로 과일을 간다
맛의 리듬을 간다
맛은 입과 코로 즐기는 음악

과일은 맛의 잠자리,
잠 속으로 바깥을 끌고 들어와
안을 좁히고 좁혔던 나날들
뒤돌아 누울 곳이 점점 없어져
뒤척임이 줄어든 버스럭거림들
나무와 바람 사이에 있었던 갈등으로
공중이 맛의 율격을 만들었을까

그들의 알력을 믹서는
하나의 화음으로 연주한다
굴곡이 없어지고 파동이 없어지는
한 번에 몸으로 들어와
배설만을 기다리는 맛의 리듬으로

형체가 와르르 무너진 것들
저 속에서
뒤늦게 깬 맛의 이성마저
하나의 색으로 빨려 들어간다
맛은 하늘과 땅 사이에서 일어났던 일

음의 평균이 맞춰진
회색빛 영양식이 컵에 담긴다

과일과 맛의 계약이 백지화된 상태

똥개가 똥을 먹는 마음에 대한 생각

몸 밖으로 나오는 것
내 것도 남의 것도 아닌 순간

안절부절 똥을 싸는 똥개,
온몸을 모두 후비고 돌고 돌아
밖으로 나오는 똥, 그 주위를 맴도는 똥개,

같은 생각을 함께 나누었던 저것으로부터
타자처럼 서 있는 똥개

무덤을 세우듯 똥을 묻지 못해
무딘 송곳니가 매달린 잔울음으로 애도하는가

그러나 세상의 모든 냄새를 소유한 똥,
그것을 잃고 싶지 않은 똥개

똥을 다시 자기 몸 안으로 모신다
고개를 숙이고 다소곳하게

똥개는 웰빙의 삶에 다가간다

내 몸 안에 있던 것을 모두 제어한 쾌감이랄까

똥은 어쩌면 후각을 예민하게 하는 성분일까

꼬리는 낙원을 이리저리 요리저리 돌려 보는 듯한데

나와 나의 일부를 분리한,
그런 죄의식에 대한,
감수성이 탁월한 똥개였다고 생각하는 수밖에

얼굴이 없는 사진

몸통이 모두 뒤집힌 채로 숨죽였던 걸까
팔과 다리의 윤곽선이 모여 더미가 된,
쌓이는 형식이 없었는지 높아졌다가 허물어진 것
그리하여 폭력을 설명할 때
이름을 알 수 없는 얼굴이 인용된다
방아쇠를 당기는 시간은 비명이 되고
땅은 핏빛으로 지독한 땀 냄새를 풍긴다
폭풍우가 새빨간 배경을 흑백으로 바꿔 주면
이 죽음과 연관된 공범자는 늘어나곤 했다
세상의 끝으로 공포가 탈주한 까닭일까
절단된 손발만이 산으로 바다로 도피할 뿐,
우리 뇌는 이제 잔인성의 체계로 몸의 기억을 지우고
있다
　나무를 기어오르는 물고기들이 눈앞을 지나가고
　나는 나만 들리는 공간으로 떠내려간다
　추방에 이르는 과정이 이러할 것이라는 관망,
　살인의 설계자에게 가능한 선택지는 없었던 걸까
　저들 입가의 주름에 이 시간을 열고

빠져나갈 수 있는 비밀번호가 잠복해 있진 않을까
내가 아니 또 누군가가 그들과
떨리는 표정이 끈으로 꽉 묶여 대면하지만
얼굴을 부수는 것으로 마무리되는 폭력

남의 집

희망은 남의 집

이루기 어려운 일을 생각하며 허무에 의지하는 오늘
나의 몫은 어디에 숨어 있나

붙박이장에 넣을 것은 보이지 않고
시계의 자궁에 갇혀 있는 시간

나의 희망은 마흔까지만 세상을 전전하기로 했다
삶에 형태가 있다고 믿는
고물 상식을 바르게 입고 살기로 했다

나는 집이 없으므로
새벽부터 기계가 많은 공장에서
반신마비된 우울을 생산한다

잘나가는 연예인의 자살 뉴스 근처를 두리번거리며
그 사람의 집은 얼마나 컸을까

아니면 살던 집이 너무 좁아서 더 큰 집을 선택한 걸까
희망을 이어 가는 유통 경로는 그런 걸까

저런 사람들은 평소에 돈보다 중요한 게 있다고 말했지
그런데 말이지
나도 그 느낌을 제발 좀 알고 싶어

내가 원했던 것들은 공장의 생산 라인을
식곤증처럼 돌다 퇴근한다

남의 집에서만 사는

내가 희망을 품는 것을 제2금융권에서만 허락하고

하늘이 새를 보호한다

새는 자신을 하늘의 아내라고 믿는다

하늘이 둥지의 지붕을 열어 놓았고
새들이 둥지에 기도를 가득 채우며 계속 응답하고

깃털 날리는 소리만 퍼지는 날이면
고요만 가득해서
왠지 슬프게 느껴지는 밤이지만
짐승들이 먹이를 짓누르는 발톱과 송곳니를 키울 때
새들은 하늘을 믿고
몸을 자꾸만 허약하게 만들었지만

힘이 몸 밖으로 날아가고 쇠약해지고 몽상에 잠기는
순간
새들은 어느덧 공중에 떠 있다
하늘에 가닿기 전까지
공중과의 균형을 잡는 일은 지루하고
인간은 세상의 조연으로 보인다

새는 아직 하늘과 한 몸이 되지 못해
악다구니밖에 없으나
하늘은 왜곡시키기 어렵고 완강하다는 것을 안다

하늘은 새의 뼛속을 갉아먹고
새는 지상의 눈치를 보지 않는다

산부인과 병원과 요양원

마주 보고 서 있는 산부인과 병원과 요양원,
그 사이로 난 골목,

생명을 키우는 일과 생명을 시들게 하는 일 중
무엇이 더 무서울까

좁은 골목은 늘 마음이 위태롭다

어쩌면 산부인과 병원과 요양원이
인간의 삶을 조율하는 렌즈 같다

한쪽은 힘을 쓰기 위해 또 한쪽은 힘을 빼기 위해
천천히 깊게 숨을 고른다

태어나는 것과 죽어 가는 것은
모두 어린아이가 되는 과정일지 모른다
그리하여 다행스럽게도
어린아이처럼 방향이 다른 두 고통은

훗날 기억나지 않을 것이다

생명의 법칙을 만든 하느님도
제멋대로인 문명으로
산부인과 병원과 요양원의 내부까지는 다스리지 못하
는데

그 순간
이 골목에서 산부인과 병원과 요양원 양쪽에서
흘러나오는,
기저귀를 차고 나오는 공포가 교차된다

막 탯줄을 끊은 갓난아기의 울음이
막 호흡기를 뗀 노인의 마지막 길에 끼어든다

삶과 죽음은 한 운명에 잠깐 동석한다

아직 아무것도 결정되지 않았나 보다

총알의 처음을 생각하다

종달새에게는 화약 냄새가 났어요
둥지라는 작은 권총 속에서
알들을 낳고 왔기 때문이에요
이 권총은 주로 나무들이 사용하는데요
와이 모양의 나뭇가지 손가락으로
꽉 쥐지 않고 악수하듯 이 권총을 잡지요
팔이 흔들릴 때에는 능선을 바라보며
나무는 잠깐 목을 꺾고 햇빛으로 긴장을 풀기도 하지요
그러나 함부로 알을 깨는 격발을 하면 안 돼요
어린 종달새가 총알이 되려면
어미 종달새의 연금술이 끝나야 하거든요
털갈이를 끝내고 비행연습을 끝낸
총알만을 수직으로 쏘아 올릴 수 있답니다
그 사이에 나무는 매일매일
권총사격 연습을 쉬지 않고 하지요
산봉우리, 계곡의 물고기를 바라보며
정조준도 해 보고 오조준도 하는 상상을 하지요
그때 나무마다 둥지를 잡고

날개라는 방아쇠를 당기기 시작해요
종달새들이 수직으로 여기저기 날아오르는 총소리로
귀가 너무 따가울 수 있어요
귀마개를 미리 챙긴 꽃사슴은 아무렇지 않게 풀을 뜯
지만요
늦게까지 총소리가 그치지 않으면
밤하늘을 보세요, 어둠이 사용하는 달 권총에서도
새들을 쏘고 있는 것이 보일 겁니다
평소에는 총알을 잃어버리기 쉬우니 유의할 사항은요,
종달새 총알들은 숲에 넣어 보관해 두는 걸 꼭 명심하
세요!

꽃비 MRI

이것은 행복 지수를 촬영하는 기계
사람들은 꽃 앞에서 자신의 표정을 찍고
꽃분이 얼굴에 뿌려지는 만큼 웃어 본다
그 숨소리가 커지면 꽃비 MRI는 작동한다
웃음과 헛웃음의 농도를 포착하는데,
어떤 사람의 폐에는
시베리아 기단과 태평양 기단이 묶여 있다
대륙과 해양이 섞인 저 숨을 판독 준비하는 늦봄,
갑자기 꽃비 MRI 속엔 작은 벌레의 잠도 잡힌다
저들의 굴곡에는 무지개의 알이 품어져 있고
그 알을 깨고 나올 소나기도 보인다
저것과 겹치는 곳에 서 있는 사람을
이 꽃비 MRI가 놓치는 일도 가끔 있는지
그늘로 만든 원통엔 예후가 있고
누군가 자신을 가두고 약점을 추궁받듯
심호흡을 요구하는 경우가 종종 생긴다
그러나 꽃비 MRI 앞에 선 당신의 얼굴엔
꽃잎의 수만큼 행복 지수가 높고 낮게 측정된다

호흡에 숨어 사는 불안과 우울까지 계산되면
비로소 들숨과 날숨의 사이도 명확해진다
내 머릿속을 간신히 비집고 들어오는 즐거움!

나는 너의 증상이다

너는 나의 목표였다

너는 나를 규정하고
너는 나를 도약시키고
너는 나를 변형시켰다

그것은 유혹이었지만
설렘은 내 곁에서 멀어지고
처음과 끝이라는
테두리에 갇히면
때로는 즐거웠고 때로는 우울했다

나의 한계가 나인 걸 알았을 즈음

너는 내 몸에서
권태를 꺼냈고
싫증을 꺼냈다

권태와 싫증은
싫다는 외침이 아니다

익숙해지는 것이며
무감각해지는 것이므로

내가 너에게 완벽해지는 순간이다

당신의 노래에 사는 것들

음의 높낮이마다 뱀과 멧돼지가 오르내린다
소리의 경사는 예측할 수 없으므로
오르면 오를수록 험하고
험하면 험할수록 기이한 것들이 산다

그래서일까
신내림을 받았다고 믿는 사람들이
메아리가 시작되는 벼랑에 서서
노래에 봉우리를 켜고 꽃잎을 열어 두니
소나무 꽃가루를 노랗게 뿌리는
한 마리 일벌이 파고를 달콤하게 느낀다

누군가는 저 향기를 듣고 절벽에서 몸이 굳었겠지

노래를 밀고 가는
침묵과 공기가 섞여 있는 즐거움,

칼날 위에 서 있는 낮은 목소리를 상상한다

움푹 파인 음자리에서
겨울잠 자는 곰이 사나운 꿈에 시달리고
붉은 낙엽이 덮인 음자리에서는
늙은 뱀이 비늘을 뚫고 나갈 힘을 잃었겠지

의심이 많은 빈 골짜기가 저 부스럭거림을
흰 달의 심장 가운데로 던지려는 찰나

호랑이가 노래의 등에 올라타서 높은 산에서 내려오질
못하네

받침목

받침목은 철로와 그 위를 달리는
기차에 앉아 있는 사람들의 감정을 받친다

속도와 무게를 수평의 힘으로 견딜 때

어떤 날은 군대 가서 주검으로 변한 막내아들 찾으러
기차를 타고
가는 한 어머니의 눈물도 받치고

어떤 날은 한밤중에 자고 있는 애인을 칼로 마구 찌르고
기차를 타고
자기도 모르는 곳으로 도망가는 남자의 불안을 받치고
있었다

받침목은 비극과 한패였을까

그러나 오늘
낮에는 햇빛을 받치고

밤에는 소낙비를 받치고 있을 예정이다
한여름 가뭄을 먹고
철로를 따라 핀
코스모스의 향기를 받쳐 주어야 하므로
한 발자국 간격을 두고
또 하나의 몸을 이어 나갈 셈이다
무서워하지 않고 기차와 철로가 주고받는
이야기를 유심히 들어 볼 셈이다

받침목은 그렇게 세상의 흐름을 엿보는 중이다

로또 판매점

로또 판매점은 숫자의 부력으로 떠 있는 배,
바다 한가운데에서 움직이지 않는다
닻톱을 빈곤에 깊이 박고 서 있다

손님이 끊길 듯 끊이지 않는 저곳,
가난은 쓸쓸하게
저 배를 타고 지구를 수천 바퀴 항해했을 것이다

여섯 개의 숫자로 삶의 돛을 세우려 한다
난파선을 탄 경험은 소중했기 때문이다
그래서 테이블 앞에 서로 등지고 앉아
숫자를 마킹하는 사람들의 고뇌는 부드럽다

꿈에서 본 숫자가 수면 밑에서 떠오른다
저승사자가 파도의 떨림으로 부른 숫자가 출렁인다
하느님도 고민이 깊었는지
행운과 먼 숫자를 바다에 토해 낸다
매주 사람들은 한쪽으로 몰리고

지구는 한쪽으로 기울어졌다

빙하가 녹으면서
자본주의의 온도 또한 상승하고 있는 지금

숫자로 넘실넘실거리는 로또 판매점들은
가난이 누워 있는 자리마다 부표처럼 세워지고 있다

모두가 숫자에 멀미가 날 때까지

여자 나비 화가

한밤의 카페를 청소하는 여자,
나비처럼 비틀거리며 진공청소기를 들고
테이블 밑에 떨어진 발자국을 빨아들인다
눈은 점점 감기고 두 다리는 힘을 점점 잃고

누군가가 저 여자를 나비라고 부를 때
손걸레를 들고 테이블을 닦으면
테이블마다 하얀 안개꽃이 뭉게뭉게 피었고
낮은 할로겐등의 먼지를 걷어 내면
불빛 속에선 암술 또는 수술이 필라멘트처럼 빛났다

누군가가 저 나비를 화가라고 고쳐 부를 때
나비가 꽃과 꽃 사이를 오고 가면
큰 나무의 가지는 의자로 그려졌고
머그컵 안에는 안개가 고였고
나비가 공중에 지그재그로 붓질을 하면
커피 머신은 흰 달빛을 덮고 잠들고
작은 액자 속에는 사이프러스나무로 이어진 길이 그려

졌다

대리석 바닥이라는 캔버스에는
카페의 풍경이 구석구석 비치고
그 그림 속에서 흘러나오는 일 층의 향기를
나비는 늘 그랬던 것처럼 쫓아가고
어깨통증을 견디고 대걸레질을 하는

여자

그녀는 나의 가녀린 이젤

기내식을 대하는 방식

기내식을 받을 때 사람들은
진료실 밖 긴 의자에서 순서를 기다리는 것처럼
옆 사람과 공기만 지나갈 수 있는 간격으로 앉고
앞 좌석의 작은 탁자를 내려 자리를 최대한 좁게 만든다
고산증을 견디기 위해 먹어야 하는 걸까
손바닥 크기의 티슈는 윗배에 올려놓고
스파게티와 빵을 현기증과 두통의 예방약처럼 먹는다
승무원은 마치 티베트의 간호사처럼
고산지대에 온 승객들을 편안하게 다룰 때
승객들은 작은 기내식 상자 속에
난기류 소스와 비행기 흔들림 소스를 넣다가
다리 위에 떨어뜨리는 실수를 범하기도 한다
그래도 높은 곳에 오면
사람은 느려져야 생존할 수 있으므로
모두들 티베트인의 웃음을 짓는다
찬 커피를 컵에 산소호흡기처럼 따라 주는 승무원,
오물오물거리는 입속에서 커피의 심폐소생술을 받고
물컹해진 빵이 숨통이 트였는지

나는 고산증 같은 것마저 스푼으로 그러모아
한 번에 퍼 먹고 소화시키려 한다
병에 걸리면 격식이 없어지듯,
기내식을 대할 때는 게걸스러워야 한다는
백신주사를 맞은 것이다
나의 맥박이 점점 단련되고 있다

싱크홀

어린 비단잉어를 한 마리 사서 집에 오는 길,

싱크홀이 연못인 줄 알고
투명 비닐봉지를 뚫고 그곳으로 뛰어드는 물고기

하수도관은 지반이 어긋난 방향으로 틀어져 있고
갑자기 땅으로 꺼진 택시는
내비게이션 밖의 길에서 어리둥절하는데

길게 이어진 문명의 물결을 유영하는
물고기는 끊어진 네트워크 앞에서 그저 입을 오므렸다
벌릴 뿐,

세상에서 가장 큰 제품인 건물마저
축대가 휘어진 채로
위기는 순간이 아니라
생각보다 긴 시간임을 알려 주는데

그렇다, 신이 있다면
싱크홀은 그가 망쳐 버린 습작품이라 생각하자

물고기가 싱크홀을 비좁다고 느낄 때
출퇴근 발소리가 눌려 있고
공시생들의 한숨이 터져 무거워져
아스팔트가 찢어져 아가리를 열어
9호선 지하철 라인을 빨아들이다 멈춘 곳
급하게 노란 선 바리케이드가 쳐진 곳
앞에는

우리 목숨이 걸린 경고문이 난해하게 써져 걸린다

무덤을 들고 다녀요

입학식 졸업식, 기념일마다
사람들은 무덤 하나씩 들고 다녀요

모두가 무서워하지 않고 웃어요
이 무덤의 심복은 기쁨이어서 그럴까요

임종 앞에서
주기적으로 살아온 색들만 어울리는 걸까요

꽃에게 꽃다발은 무덤이라는 걸
나는 말하고 싶지 않아요
주검의 냄새가 저렇게 향기로우니까요

사진을 찍을 때마다
사람들에겐 기억이 남고
꽃에게는 영정사진이 남아요

세상에서 가장 가벼운 무덤

걱정은 머리에 넣고 즐거움을 꺼내는 꽃의 장례식들

무덤이 잘 팔리는 목 좋은 곳마다
사람들은 주머니에 손을 넣었다 뺐다 하며 서성이죠

기일을 환상으로 유혹하는 꽃무덤

광합성 경제학

지렁이의 몸엔
뉴타운 설계도가 그려져 있다
식물 밀집으로 숲이 포화 상태지만
흙이 무너지지 않게 곳곳에
배설물 철근을 심고 지반을 뚫는 지렁이,
입주자들이 시도 때도 없이
영양분을 살 수 있는
곰팡이 편의점도 일 센티 간격으로 만든다
햇빛 승강기를 설치하여
가끔 떨어지는 새똥은 지하까지 운송할 계획이다
그러나 이 도시도
산불에 대한 안전지대가 아니므로
지렁이는 나무보다도
더 높이 땅을 파 놓을 것이다
그곳에서 잡초 입주자들이
또 다른 봄을 기다릴 수 있도록
수많은 갈래로 나눠진 대피소까지 결정되면,
지렁이는 개미 노동자를 이끌고

광합성 경제학을 실행하기 위해

오늘도 잡초를 위한 그늘을 지을 예정이다

코끼리를 만지다

만지는 곳마다 다르게 느껴진다
언어가 그렇다

맹인이 코끼리를 만지듯
들은 것과 느껴지는 것 사이에서 의혹을 품듯
나는 언어라는 거대한 동물을 쓰다듬다
거기엔 빈 곳도 있고 단단한 곳도 있음을 느꼈다

그러나 그 실체를 나는 한 번이라도 본 적이 있었던가
귀로만 들었으므로 귓바퀴는 언어의 흔적인가

아니면 언어는 코끼리인가
코끼리는 코로 소통하므로
코로 모든 것과 이야기한다
우리는 입으로 소통하므로
모든 사람과 입맞춤하는 것이 당연한지도 모르겠다

빈말이 가득한 세계

그래서 우리는 행동만을 믿게 되기도 했지만
그래도 나는 나에게 돌아올 언어에 민감하다
언어가 있는 자리엔 비난이
코끼리 발자국처럼 깊게 파여 있는 탓이다

힐난을 들으면 우리가 몸이 무거워지는 이유도 그렇다
그러면서도 우리는
발설한다

언어의 떼를 일렬종대로 혹은 홀로 초원을 걷는 한 마
리 코끼리로
무서울 것 없이 보낸다

온몸이 언어의 노폐물로 더럽혀지더라도

교도소를 지키는 것들

고시원 형광등을 켜면서
취업이라는 관념에 유배된 사람들
졸음을 들어 올려 그 틈에 달빛을 게워 놓고
기어이 곰팡이 냄새도 꺼내어 펼친다
제 몸을 웅크리고 웅크린 절망,
이력서 또는 자격증 시험은 교도관처럼
천장에 드릴로 못을 박고
가위눌리는 잠을 모빌로 매달아 놓는다
공용 주방에서 끓어오르는 라면 냄새는
그들 사이를 능선으로 잇고
이 교도소를 배고프게 만든다
어지럼증이 고시원 방마다 문을 여닫아 보고
적막은 날카로워지다가 삽날로 변하여
사회로의 탈옥 계획을 밖으로 도려낸다
이제는 취업 욕구인지 실업 욕구인지 구분되지 않는
사람들,
불합격 문자와 메일은 고시원을 잠그고
부모님의 전화로 할 수 없이 또 그 자리에 멈춰 선 수

감자들

　먼지 낀 두꺼운 안경은 도수만 부풀어 올라
　볼 수 있는 곳마다 무덤으로 아니 섬으로 만든다
　채용 공고가 창살로 촘촘하게 세워져
　도저히 벗어날 수 없는 여기
　해도 꼬리를 감추고 별자리 괘를 가늠하는데
　우울의 장마가 온다
　가끔 하늘이 쏜 빗줄기에 맞아 사람들이
　교도소로 다시 강제수용되는 것이 보인다

백화점의 점원

　백화점의 점원은 사람들의 행복을 깎아 소비욕을 만
든다
　아무 생각 없이 왔던 사람들,
　반면 지갑은 돈을 꺼내는 습관이 있으니

　일 년 내내 정기 세일을 하는 백화점
　점원이 늘렸다 줄이는 세일은
　사람들의 행복추구욕망을 정교하게 세공한다

　가격은 사람들의 이성에 흠집을 내는 조각칼이므로
　함부로 이 칼을 휘두르지 않는 점원,

　그는 한때 그것으로 달걀 판매부터 다뤄 봤다
　시장통에서 그것을 꺼내 들고
　더위에서 추위에서
　사람의 생각을 파고드는 연습을 했다
　가격이 가장 날카로운 순간도 알게 되었다

점원은 가격이 행복에게 속삭이도록 내버려 둔다
행복은 점점 화장이 두꺼워지고
브랜드가 카드를 한도액까지 밀어 올리고
사람들의 마음이 쇼윈도에 진열될 때

점원은 사람들의 소비욕을 쇼핑백에 담아 준다

용서받는다는 것

간신히 용서를 받으면 무서워진다

용서는 나를 무릎 꿇리는 공격,

어쩌면 당신의 노예가 되겠다는 선언 같은 것,

그리하여 나는 용서를 구하지 않으리
그동안
불행이 굶어 죽지 않을 힘을 나에게 주지 않았던가

부풀어졌다가 고꾸라지는
시야에서 사라졌다가 다시 보이는
난폭하게 빈곤에서 탈출하는 것을
붙잡는 라면 봉지의 휘날림

나 자신을 누구에게도 맡기지 않겠다는 다짐 뒤로
이내 곧 희미해지는 불빛,

십자가를 비춘다

십자가는 영원한 비극

죽을 것 같은 운명으로 단련시킨 지혜를 목에 건 사람
들처럼

나는 용서를 구하지 않으리

예수님도 나를 도울 수 없으니

이사 목록에서 제외된
빨래 건조대만 남아서

다들 어디를 급하게 갔을까
빨래 건조대는 펼쳐진 채로 거실에 서 있고
체온이 걸렸던 자리에는
외풍에 밀려온 먼지가 뒤죽박죽 앉아 있다

아무것도 할 수 없는 나날들
다만 빨래 건조대가 여자들의 영혼이었던 시대로 되돌
아간다

눈을 감고 귀를 막고 햇빛을 믿었지
생각은 줄처럼 질서를 지키며 차분했지
바위에서 피어나는 장미꽃을 만들듯
습관의 성실함을 온몸에 널었지
그래 어쩌면 그것은 물건이 아닌
한 채의 집을 통째로 말리는 일이었을 거야

그러나 지금은 그런 신앙심에 대하여 불안해진다
언제까지 신처럼 온화한 척을 할 수 있을까

버려진 집의 유골이 빨래 건조대로 남은 걸까

펼쳐지고 접혀지든
빨래 봉의 개수가 둘이든 열이든
빨래 건조대의 인생은 결국 하나였을까

향기를 머금은 빨래를 아무리 널어 봤자
쇳덩이에 불과했던,
자신의 진짜 모습 앞에 선 빨래 건조대,

벽은 짜증 내지 않는다

혼자 힘으로 벌어 정직하게 살 수 없을 때
사람들은 욕을 하고
아무도 그 욕조차 들어 주지 않아서
그때부터 벽은 욕받이가 되었을 거다

껌처럼
욕은 길게 늘어지고 벽에 붙으면 쉽게
떨어지지 않았다
벽 속에 숙소를 둔 쥐들의 찍찍거림은
벽에 붙은 욕을 떼어 내고 있는 소리

그러다 벽의 연약한 부분에선 동굴이 만들어졌는데
고양이가 그것은 벽 속에 생긴
욕의 미로라고 알려 주었다

무기력이 송곳 바람으로 벽을 길게 긁고 지나간다
긁힌 흔적은 욕이 내뱉은 호흡

그때 벽은 칼을 찾듯 어떤 말을 찾으려 하지만
한순간의 일도 설명할 수 없으므로
몇 년 동안 이어진 오늘 하루를
다른 말로 바꿔 놓을 수 없는 것을 곧 깨닫는다

벽은 자기의 운명을 욕과 똑같이 다루며 지금까지 왔다

그래서 짜증 내는 실수를 범하지 않는다

윤리는 판타지이다

윤리는 나태의 동거인
대본을 외우지 않는 배우 같다

애드리브일까
논리는 자꾸만 바뀐다
원시 동물을 위한
애드리브?

그건 호흡기와 소화기가
하나로 합쳐지는 역진화라고 할까

강자는 단순해지고
약자는 복잡해진다

누가?

그러나 우리가
텔레비전에서만 시청하는 윤리는?

감정이 없다

우연성이 개연성을
자기의 부분집합으로 만들었나?

전체를 외면하는
연기를 하지 않는
악역은 아니지만

나를 가두지 못하는 윤리

판타지로의 몰입뿐

매장 통지서

사십만 넘으면
모두에게 배송되는 오십견은
매장 통지서이다
급소를 정조준하여
혈관이 공회전할 때
근육에 똬리를 튼다
마치 뼈마디에 개미 떼가
달라붙어 생살을 뜯어먹는 것 같다
움직이지 못하는 힘줄에서
하얀 거품처럼 부풀어 오르는 염증,
핏물이 바닥에 뚝뚝 떨어지듯
방울방울 매달린 생각은
눈을 질끈 감아 버린다 순간
오십견은 관을 짜기 위해
어깨의 치수를 재는가
아픔이 깊어질수록 팔은
기도하는 자세도 포기한다
상체를 꼿꼿이 세운 채로

보내는 시간이 길어진다
매장 통지서를 받았으니
흙에 적응하기 위한
연습을 어쩔 수 없이 하는 저녁

불사신이 자살을 했다고?

불사신은 권태롭다
달에 도착한다면
지구로의 추락사를 꿈꿨다
성운을 유랑하며
긴 은하수에 누워
태양 빛을 덮고
조는 것처럼 보였겠으나
불사신은 정념 속에
자살을 아름답게 그렸다
끊을 수 없는 삶은
여백으로 남겨 놓고자 한다
불사신은 불운하여
천천히 살아왔다
때로는 어리석음을
방패처럼 들고 다녔다
바보를 흉내 낸 때문일까
도움닫기를 하고 달에서
지구로 점프하는 불사신

주머니에서
자존심 자기애 옹고집
자만 욕구가 떨어져 흩날린다
모든 생각의 우두머리인
나태만 손에 꽉 움켜쥐고
검고 하얀
노숙자의 계보를 이을 생각이다

언젠가 우리에게 일하는 것이
금지되었을 때

나는 본의 아니게 쓸모없는 존재가 되겠지

세탁기가 휴가를 받고 집에 없는 날을 틈타

나는 손빨래라도 해야 된다
손가락이 거품을 키우고 거품이 얼룩을 물에 실어 보
내고
물방울마저 햇빛 속으로 보내는
기술이 능수능란해져서 그것이 소박하게 보일 때까지

나는 이런저런 일을 할 수밖에 없다

아니면, 들판에 나가 커피를 탈 물을 끓여 본다
풀이 가을을 뜨개질하며
만든 노을빛 옷 한 벌을 테라스에 걸어 놓은 후
커피 향과 나란히 걸어오다
입을 찢고 나온 하품들을 손님으로 맞아야 할까

나는 이런저런 일을 할 수밖에 없다

아니면, 하릴없이 아프기라도 할 일이다
편의점에서 사 온 참치김밥을 굴리며
전자레인지가 참치의 몸에
단무지 오이 햄 당근을 간장(肝腸)으로 만들어
전자기파라는 인공 아가미를 달았다고 상상해 본다

언젠가 우리에게 일하는 것이 금지되었을 때

여전히 나는 이런저런 일을 해 보고 싶다

완벽에 대하여

갓난아이는
땅에 등을 붙이고
좀처럼 자려 하지 않는다
엄마의 배 속에서 자던
느낌이 좋기 때문이다
아빠 엄마가
손목이 아프고
힘이 빠져
아이를 떨어뜨릴까
불안하여
자고 있는 아이를
여러 번 다시 들춰 안아도
아이는 쌔근쌔근 잘도 잔다
저것이 바로
갓난아이가
아빠 엄마에게
보내는 완벽한 믿음이다

순간과 몰두의 시

이병일(시인)

1. 찰나의 순간

시의 아름다움은 스스로 존재한다. 시인은 볼 수 없고, 알 수 없고, 잡을 수 없는 것마저 만진다. 김민철 시집 『언젠가 우리에게』는 시가 하나의 순간임을 생각하게 만든다. 폐쇄된 것이 아닌 귀나 눈으로 연결되어 있는 감각의 구체로 풍경의 현현을 보듬어 안는다. 그는 등단작부터 사물의 틈새를 잘 들여다보고, 그 틈으로 상상력의 숨을 불어넣는다. "수련 꽃잎을 꿰매는 이것"은 장맛비인데, 시인은 그것을 "풍경 재봉사"로 새롭게 명명해 낸다. 그의 바느질은 화려하지도 않고 느슨하지도 않으며 성글지도 않다. 풍경 재봉사의 유쾌한 자연놀이는 「호수의 브로치」가 되는 과정을 섬세하고 따스하게 묘파해 낸다. 그는 시의 아름다움이

109

지향하는 자리, 시적 사유가 머물러야 하는 자리를 정면
으로 응시한다.

　김민철은 큰 것을 크다고 작은 것을 작다고 하지 않는
다. 큰 것은 작고 작은 것은 크다고 말한다. 노자의 말을
인용하면, 이것도 너무 현묘하고, 저것도 너무 현묘하다.
다음과 같은 시는 삶의 문제의식을 벗겨 가는 놀이라고
할 수 있다.

　　　작은 저수지이다,
　　　가시연꽃 모자를 쓰고 있다

　　　목련이 두툼한 약봉지를 밀어 넣을 때
　　　달은 아가미를 타고
　　　더러운 물속을 배회한다

　　　작은 저수지는 의혹이 많은 심장이 되기도 했다
　　　나는 그때 시력을 점점 잃었으므로
　　　높이가 조금씩 낮아져도 몰려다녔는데

　　　발끝까지 차지하고 부유하기
　　　시작한 녹조라고 누군가 말했다
　　　저수지의 마른 혈관,

잉어의 시체가 둥둥 뜨는
절망으로 가는 길목이라고 말했다

잉어 무리가 서로 몸을 비비고 헐떡거리고 멈춘다

미끈미끈한 늪,

거기에 큰 저수지가 보인다

　　　　　　　　　　　　　－「잉어 무리」 전문

　이 시는 우아하고 호기로운 치환으로 시작된다. 잉어를
"작은 저수지"로 바꾸어 놓고, "가시연꽃 모자를 쓰고" 있
음을 관조한다. 홀로 깊숙이 더러운 물속을 배회하는 것
을 그려 낸다. 달이 아가미를 타고 배회할 때, 작은 저수
지는 돌고 또 돌아 나오는 순환의 힘을 잃는다. 녹조 현상
때문이다. 그래서 잉어 무리는 "의혹이 많은 심장"이 되고,
자꾸만 "발끝까지 차지하고 부유하"는 것마저 거슬리게 만
든다. 보는 강물이 흐르지 않게 물을 가두어 놓은 곳이다.
물의 흐름이 없으니, 그 물빛이 샛노랗다. 악취가 난다. 그
와중에 "잉어 무리"는 아가미로 숨을 쉴 수가 없어 둥둥
떠오르기 시작한다. "절망으로 가는 길목"이다. 아직 죽지
않는 것은 "서로 몸을 비비고 헐떡거"리며 살고자 한다. 급
기야 잉어 무리는 "미끈미끈한 늪"이 된다. 도래할 수 없는

맑음 속에서 시인은 "거기에 큰 저수지가 보인다"고 말한
다. 일종의 선언이다. 여기서 미끈거린다는 것은 잉어 무리
의 숨이 저수지를 궁굴리며 더러움을 정화한다는 것이다.
시인은 현대 문명(사대강 콘크리트 보)의 치부를 폭로하면서
잔잔하고 섬뜩한 징후를 환기했다.

너는 나의 목표였다

너는 나를 규정하고
너는 나를 도약시키고
너는 나를 변형시켰다

그것은 유혹이었지만
설렘은 내 곁에서 멀어지고
처음과 끝이라는
테두리에 갇히면
때로는 즐거웠고 때로는 우울했다

나의 한계가 나인 걸 알았을 즈음

너는 내 몸에서
권태를 꺼냈고
싫증을 꺼냈다

권태와 싫증은
싫다는 외침이 아니다

익숙해지는 것이며
무감각해지는 것이므로

내가 너에게 완벽해지는 순간이다
ㅡ「나는 너의 증상이다」 전문

　장자의 「도척(盜跖)」에서 눈은 빛깔을 보고자 하고, 귀
는 소리를 듣고자 하며, 입은 맛을 음미하고자 하고, 심지
는 만족을 추구한다고 했다. 김민철의 내면에 타오르는 시
적 욕망은 뜻밖에도 증상을 앓고 있다. 그 증상은 시의 목
표에서 시작된다. 시 쓰는 일은 시인에게 하나의 작품임을
거부하고, 사건의 순간, 존재의 순간이 되려 한다. 이때의
시 쓰기는 시인을 규정하고, 도약시키고, 변형시킨다. 그래
서 시인은 사물에게 끌리고 때로는 사물에게 배신당한다.
처음과 끝의 테두리에서 "때로는 즐거웠고 때로는 우울했
다"고 토로한다. 하지만 시의 한계는 시이고, 무엇보다 안
온해 보이는 일상의 이면을 투시하고자 애쓴다. "빙하가
녹으면서/자본주의의 온도"가 상승하고 "숫자에 멀미가"
나(「로또 판매점」)는 것을 목도한다. 그 예민한 언어는 익숙

해지는 것과 무감각해지는 것을 굼뜬 감각으로 묘사한다.
그 굼뜸은 진득한 시 쓰는 행위로 이어진다. 긴장하고 집
중하는 자세가 완벽해지는 순간이다. 이처럼 시는 시인의
몸속에 잠재되어 있는 계시의 순간이므로, 이 작품은 김
민철의 시론으로도 읽힐 수가 있다.

2. 몰두의 자세

  사물에게 몰두하다 보면 "어둠에 잠기기 시작한 사방,
나무뿌리에서 보일러 돌아가는 소리"(「굴뚝 많은 나무」)를
만질 수 있다. "호랑이가 노래의 등에 올라타서 높은 산에
서 내려오질 못하"(「당신의 노래에 사는 것들」)는 것을 볼 수
있다. "몸 밖으로 나오는 것/내 것도 남의 것도 아닌"(「똥개
가 똥을 먹는 마음에 대한 생각」) 사물에게 김민철은 몰두에
대한 예의를 갖춘다.

> 나비와 벌은 일용직 정원사
> 잎을 깎고 꽃을 달고, 사랑을 고백하였다
> 처음으로 열매라는 것을 햇빛에게 보여 주었다
> — 「정원시대」 부분

> 지렁이의 몸엔

뉴타운 설계도가 그려져 있다
식물 밀집으로 숲이 포화 상태지만
흙이 무너지지 않게 곳곳에
배설물 철근을 심고 지반을 뚫는 지렁이,

－「광합성 경제학」 부분

　시인은 몰두를 통해 사물의 형상과 소리의 세계 너머까지 꿰뚫어 보려고 애쓴다. 대상에 감정을 투사하는 것이 아니라 사물에 대한 감응으로 낯설게 하기를 개시한다. 시적 사건이 발생하도록 미지의 세계를 향해 걸어 들어간다. 이때 나비와 벌을 일용직 정원사로 인식하고, "잎을 깎고 꽃을 달고, 사랑을 고백하"게 만들고, "처음으로 열매라는 것을 햇빛에게 보여" 준다. 김민철은 사물을 관통하는 깊은 눈으로 지렁이의 몸까지 훑고 지나간다. 사물의 존재를 꿰뚫는 그의 눈동자에서는 빛이 나온다. 그 빛의 에너지는 식물 밀집의 숲에 사는 지렁이의 동선을 비춘다. 지렁이는 "배설물 철근을 심고 지반을 뚫"는다. 그리하여 땅속 경개(景槪)인 "뉴타운"과 조우하게 만들면서 쉴 새 없이 움직이는 세계 속으로 빠져든다. 그렇게 "배나무는 홈쇼핑 콜센터"(「홈쇼핑 콜센터」)가 되고, "갈대 노동자들은/가지마다 소형 라디오 하나씩 차고 다니"(「뻘 공장에 숨은 것들」)고, 자연물이 문명의 영역에 발을 들여놓게 하고, 발견하는 언어로 발화의 영역을 확장시킨다. 또한

사물과 생명이 함께 걷고, 함께 거주하는 방식으로 상상
력의 가교를 놓는다.

　　부레는 물살을 고정시키는 단추라는 걸, 물고기들은 몰
라요

　　버드나무 그림자가
　　수면에 짙게 어려도
　　수면을 조금씩 잡아당겨도
　　아가미를 기둥으로 단단히 세워도
　　부레 단추는
　　잠깐 기울었을 뿐, 떨어지지 않죠

　　때때로 집중호우가 밀려오면
　　강 밖으로 뜯긴 단추가 보이기도 했죠

　　헐떡이는 숨의 웅덩이를 꽉 채운
　　저녁에서 비린내가 나던 날

　　수초에 채워진 물고기들,
　　옷을 벗지 못한 물살은 답답하기도 했지만
　　노을을 꺾어 든
　　무지개는 강에 맨발을 담갔죠

빛의 각질이 수면에 둥둥 떠 있어도
낮은 물과 깊은 물의 경계가
서로 뒤엉키지 않는다면

부레는 소용돌이를 채우며
물 한가운데 공터에서 사랑을 나눌지도 몰라요
                              −「부레 단추」 전문

   김민철 시의 풍경은 고정된 듯 보이나 사실은 움직이고
있는 것이다. 물속에서도 정지하는 것이 있다. 물살을 고
정시키는 단추, 바로 부레 가진 것들이다. 이 때 묻지 않
은 상상력 때문에 김민철의 시는 수압을 잘 견디면서 물의
안팎으로 자유롭게 떠다니는 것이다. 부레가 단추라는 것
을 물고기는 모른다. 모르기 때문에 상하고 부서지고 긁히
면서 물속 생을 살아가고 있는 것이다. 시인은 이러한 경
지를 닮고자 한다. "낮은 물과 깊은 물의 경계가/서로 뒤엉
키지 않는" 곳에서 "소용돌이를 채우며/물 한가운데 공터
에서 사랑"을 꿈꾼다. 이 작품은 대상에게로의 '숨어듦'(부
레), 시적 사유로 '스며 나옴'(단추)의 감각을 간결한 배치와
쉬운 문장들로 생동감 있게 그려 냈다. 다음과 같은 작품
에서는 심미적 묘사가 한층 두터워진 것을 엿볼 수 있다.

내가 스키니 진을 입은 나무라서 이상한가요?

이별했거든요, 딱따구리를 불러 배꼽에 피어싱 하고

옹이무늬 배꼽티를 입고 다닐래요

저녁노을을 삼킨 습기 찬 공기에게

밤새도록 아침이슬로 무지갯빛 염색을 받고

매일매일 색다른 나뭇잎 가발을 쓸 거랍니다

나는 쇼윈도의 마네킹보다

햇살로 화장을 아주 진하게 할 거라구요

잘록한 쇄골에는 꽃송이 향수까지 뿌리려구요

이 향기에 한눈판 새들은 텃새가 되어 버리고

매미 울음에 반한 산짐승들이 내 허리에 몸을 비비다

한 움큼 털이 뽑혀 가슴을 하얗게 드러낸 한여름,

나는 겉옷을 더 피어 내어 푸르른 척할 거예요

한때는 흙이 바람에 펄럭이는 치마였는데

이제는 속살을 내비치는 일은 없을 테죠

나는 뿌리라는 천 개의 다리를 가졌지만,

떠날 구름에게는 다리 하나도 내놓지 않을래요

풀벌레 소리가 우듬지에서 말라 버석거려도

몸을 옮겨 심지 않고 빗줄기가 나를 찾아오게 할래요

뿌리를 깊숙이 뻗으면 뻗을수록

흙이 스키니 진이 된다는 사실을 깨달았거든요

오늘따라 허벅지가 꽉 조이는군요

　　　　　　　　　　　－「나무도 스키니 진을 입는다」 전문

'나'는 바라보는 자이지만 동시에 타자의 눈에 보이는 시적 대상이다. 이 시는 사물을 관통한다는 자각이자 자연이 가지고 있는 절서(節序)이다. 김민철은 존재의 세계를 확장시키고, 살아 있는 세계로 들어간다. 풍경은 나를 세밀하고 관능적으로 만든다. 스키니 진을 입고 있는 나무를 본 적이 있는가? 나무의 수직성은 어디에서 오는가? 나의 교감은 은밀하고 접촉을 통해 생동감을 얻는다. 딱따구리를 불러 피어싱 하고 "옹이무늬 배꼽티"를 입고 다니는 나는, 이별을 했지만 그 슬픔을 견디기 위해 변신하고자 한다. "매일매일 색다른 나뭇잎 가발"을 쓰고 "햇살로 화장을" 하고 "쇄골에는 꽃송이 향수"까지 뿌린다. 그 견딤은 "겉옷을 더 피어 내어 푸르른 척할" 때까지 계속된다. 이 수행적 견딤의 행위를 하는 동안 "흙이 바람에 펄럭"인다. "속살을 내비치는 일은 없"는 나는 "몸을 옮겨 심지 않고 빗줄기가" 찾아오게 하고 싶다. 그 이별의 감정은 오히려 나의 '뿌리'를 깊숙이 뻗게 만든다. "흙이 스키니 진이 된다는 사실을 깨달았"을 때, "오늘따라 허벅지가 꽉 조이는" 현상을 맞는다. 여기서 관능은 아름다운 것이 아니라 끝없이 현전하는 세계이다. 나무—나는 사물의 친화력으로 슬픔을 잊고 제 운명을 개척해 나가는 것이다. 그렇게 삶의 실체와 미지는 나무 한 그루에 오롯이 담긴다. 다음과 같은 시는 죽음의 시간을 응시하는데, '천사'와의 마주침이 시적 순간으로 펼쳐진다.

중환자실 창은 천사가 내려오는 길
그 발자국이 성에꽃이라고 어머니는 말했는데

발목이 예쁜 천사, 날개도 없이 와서
또 어느 영혼을 유리병에 담아 가려는지

오늘은 빗소리 들리는데
아주 조용히 빗발로 걸어 다니는 것이 보이는데

우산도 없이 와서 겨울나무는
하늘 쪽으로 제 잔뼈를 드러내고 있는데

그러나 중환자실은 눈 오는 풍경같이 차갑고
링거에서 물방울 떨어지는 소리와
심전도 기계음만이 하루를 반복시키고
나는 또 젖은 아버지의 핏줄
속으로 들어가는 죽기 전의 아버지를 본다

나는 입을 다물고 있는데
성에꽃이 참았던 울음을 와락 쏟는다

아름답지 않은 죽음이 또 첩첩산중으로 들어가나 보다
　　　　　　　　　　　　　　　　　　　－「성에가 우는 새벽」 전문

　죽음은 일상에 편재해 있다. 이 시는 단순해 보이지만 죽음에 깊숙이 관여하는 시적 사유가 명징하다. 성에꽃, 몸짓으로 죽음에게 잠시 고였다가 빠져나가는 핏줄의 서사를 보여 준다. 어머니의 말을 빌리면 "중환자실 창은 천사가 내려오는 길"이다. 그 발자국이 성에꽃인데 천사는 바깥에서 죽음을 볼 수 없도록, 창을 뿌옇게 가려 준다. 시인의 눈은 "발목이 예쁜 천사"를 향한다. "영혼을 유리병에 담아 가"는 천사는 조용히 빗발로 걸어 다니고 있다. 겨울나무는 우산도 없이 와서 "하늘 쪽으로 제 잔뼈를 드러"낸다. 그 와중에도 중환자실의 심전도 기계음은 낮과 밤을 반복시킨다. 아버지는 산소호흡기만 떼면 저 먼 곳으로 가야 한다. 시인은 죽기 전의 아버지 얼굴을 보면서 핏줄을 생각한다. 시적 화자, "나는 입을 다물고 있는데/ 성에꽃이 참았던 울음을 와락 쏟는다". 이것은 불길한 징후, 즉 죽음을 세밀하게 드러낸 표현이다. 시인은 "아름답지 않은 죽음이 또 첩첩산중으로 들어가"는 과정을 청각적이고 역동적인 것으로 만든다. 김민철은 이렇게 죽음의 장면에도 숨을 불어넣는다. "세상의 흐름을 엿보는"(「받침목」) 일, 그에게 "위기는 순간이 아니라/생각보다 긴 시간"(「싱크홀」)이다. 앞으로의 시작 활동을 통해 그의 시가 조금

더 불편하고 기이하길, 포스트휴먼이 운유되는 시대이지
만, 삶의 한복판에서 다채로운 삶의 진경을 가진 시로 한
번 더 도약하길 기대한다.

시인수첩 시인선 032
언젠가 우리에게

ⓒ 김민철, 2020

초판 1쇄 인쇄 2020년 2월 11일
초판 1쇄 발행 2020년 2월 24일

지은이 | 김민철
발행인 | 강봉자·김은경

펴낸곳 | (주)문학수첩
주　소 | 경기도 파주시 문발로 214-12(문발동 511-2) 출판문화단지
전　화 | 031-955-4445(대표번호), 4500(편집부)
팩　스 | 031-955-4455
등　록 | 1991년 11월 27일 제16-482호

홈페이지 | www.moonhak.co.kr
블로그 | blog.naver.com/moonhak91
이메일 | moonhak@moonhak.co.kr

ISBN 978-89-8392-802-3　03810

「이 도서의 국립중앙도서관 출판예정도서목록(CIP)은 서지정보유통지원시스템
홈페이지(http://seoji.nl.go.kr)와 국가자료공동목록시스템(http://www.nl.go.kr/
kolisnet)에서 이용하실 수 있습니다.(CIP제어번호: CIP2019050995)」

* 파본은 구매처에서 바꾸어 드립니다.